Practicing Addition

1 + 1 to 9 + 2

Name   W9-CTT-943

Date

To parents
Your child will now review some simple addition, which will help him or her transition to simple multiplication.

■ Add the numbers below.

(1) 1 + 1 = 2

(2) 2 + 1 = 3

(3) 3 + 1 = 4

(4) 4 + 1 = 5

(5) 5 + 1 = 6

(6) 6 + 1 = 7

(7) 7 + 1 = 8

(8) 8 + 1 = 9

(9) 9 + 1 = 10

(10) 1 + 2 = 3

(11) 2 + 2 = 4

(12) 3 + 2 = 5

(13) 4 + 2 = 6

(14) 5 + 2 = 7

(15) 6 + 2 = 8

(16) 7 + 2 = 9

(17) 8 + 2 = 10

(18) 9 + 2 = 11

3 + 3 to 9 + 5

■ Add the numbers below.

(1) 3 + 3 = 6

(2) 4 + 3 = 7

(3) 5 + 3 = 8

(4) 6 + 3 = 9

(5) 7 + 3 = 10

(6) 8 + 3 = 11

(7) 9 + 3 = 12

(8) 4 + 4 = 8

(9) 5 + 4 = 9

(10) 6 + 4 = 10

(11) 7 + 4 = 11

(12) 8 + 4 = 12

(13) 9 + 4 = 13

(14) 5 + 5 = 10

(15) 6 + 5 = 11

(16) 7 + 5 = 12

(17) 8 + 5 = 13

(18) 9 + 5 = 14

Practicing Numbers

1 – 30

AFHS-1435535

Name

Date

■ Say each number aloud as you trace it.

To parents
Your child will first review the numbers 1 to 50. If he or she is having difficulty with this section, try some extended practice with numbers before continuing. When your child completes each exercise, please offer lots of praise.

1	2	3	4	5	6	7	8	9	10
1	2	3	4	5	6	7	8	9	10

11	12	13	14	15	16	17	18	19	20
11	12	13	14	15	16	17	18	19	20

21	22	23	24	25	26	27	28	29	30
21	22	23	24	25	26	27	28	29	30

1

■ Say each number aloud as you trace it.

31	32	33	34	35	36	37	38	39	40
31	32	33	34	35	36	37	38	39	40

41	42	43	44	45	46	47	48	49	50
41	42	43	44	45	46	47	48	49	50

Practicing Numbers
1 – 9

Name

Date

■ Say each number aloud as you trace it.

1	2	3	4	5	6	7	8	9	10
11	12	13	14	15	16	17	18	19	20
21	22	23	24	25	26	27	28	29	30
31	32	33	34	35	36	37	38	39	40
41	42	43	44	45	46	47	48	49	50

1	2	3	4	5	6	7	8	9

■ Draw a line from 1 to 9 in order while saying each number aloud.

Practicing Repeated Addition
1 to 9

Name

Date

■ Say each number aloud as you trace it.

To parents
Repeated addition is a good preparation for multiplication. In order to help your child see the link between the two, you could ask him or her how many 1s there are in each number sentence below.

1	2	3	4	5	6	7	8	9

■ Add the numbers below.

(1) $1 + 1 = 2$

(2) $1 + 1 + 1 = 3$

(3) $1 + 1 + 1 + 1 = 4$

(4) $1 + 1 + 1 + 1 + 1 = 5$

(5) $1 + 1 + 1 + 1 + 1 + 1 = 6$

(6) $1 + 1 + 1 + 1 + 1 + 1 + 1 = 7$

(7) $1 + 1 + 1 + 1 + 1 + 1 + 1 + 1 = 8$

(8) $1 + 1 + 1 + 1 + 1 + 1 + 1 + 1 + 1 = 9$

■ Add the numbers below.

(1) | + | =

(2) | + | + | =

(3) | + | + | + | =

(4) | + | + | + | + | =

(5) | + | + | + | + | + | =

(6) | + | + | + | + | + | + | =

(7) | + | + | + | + | + | + | + | =

(8) | + | + | + | + | + | + | + | + | =

Multiplication 1

Multiplication Table

To parents
From this page on, your child will practice multiplication tables for the numbers 1 through 5. If your child has difficulty understanding these number sentences, help him or her understand that 1 × 2 is "two groups of one," for example.

Name

Date

■ Read the multiplication table aloud.

Multiplication Table

(1) 1 × 1 = 1   One times one is one.

(2) 1 × 2 = 2   One times two is two.

(3) 1 × 3 = 3   One times three is three.

(4) 1 × 4 = 4   One times four is four.

(5) 1 × 5 = 5   One times five is five.

(6) 1 × 6 = 6   One times six is six.

(7) 1 × 7 = 7   One times seven is seven.

(8) 1 × 8 = 8   One times eight is eight.

(9) 1 × 9 = 9   One times nine is nine.

■ Read each number sentence aloud as you trace the answer.

(1) 1 × 1 = 1

(2) 1 × 2 = 2

(3) 1 × 3 = 3

(4) 1 × 4 = 4

(5) 1 × 5 = 5

(6) 1 × 6 = 6

(7) 1 × 7 = 7

(8) 1 × 8 = 8

(9) 1 × 9 = 9

■ Multiply the numbers below.

(1) $1 \times 1 =$

(2) $1 \times 2 =$

(3) $1 \times 3 =$

(4) $1 \times 4 =$

(5) $1 \times 5 =$

(6) $1 \times 6 =$

(7) $1 \times 7 =$

(8) $1 \times 8 =$

(9) $1 \times 9 =$

(10) $1 \times 1 =$

(11) $1 \times 2 =$

(12) $1 \times 3 =$

(13) $1 \times 4 =$

(14) $1 \times 5 =$

(15) $1 \times 6 =$

(16) $1 \times 7 =$

(17) $1 \times 8 =$

(18) $1 \times 9 =$

Multiplication 1

1×1 to 1×9

Name

Date

■ Multiply the numbers below.

(1) $1 \times 3 =$

(2) $1 \times 6 =$

(3) $1 \times 9 =$

(4) $1 \times 1 =$

(5) $1 \times 4 =$

(6) $1 \times 2 =$

(7) $1 \times 8 =$

(8) $1 \times 5 =$

(9) $1 \times 7 =$

(10) $1 \times 2 =$

(11) $1 \times 7 =$

(12) $1 \times 3 =$

(13) $1 \times 5 =$

(14) $1 \times 4 =$

(15) $1 \times 8 =$

(16) $1 \times 6 =$

(17) $1 \times 9 =$

(18) $1 \times 1 =$

■ Multiply the numbers below.

(1) $1 \times 7 =$

(2) $1 \times 3 =$

(3) $1 \times 5 =$

(4) $1 \times 6 =$

(5) $1 \times 1 =$

(6) $1 \times 8 =$

(7) $1 \times 9 =$

(8) $1 \times 2 =$

(9) $1 \times 4 =$

(10) $1 \times 5 =$

(11) $1 \times 7 =$

(12) $1 \times 3 =$

(13) $1 \times 6 =$

(14) $1 \times 8 =$

(15) $1 \times 1 =$

(16) $1 \times 9 =$

(17) $1 \times 4 =$

(18) $1 \times 2 =$

Practicing Numbers

2 – 18

Name

Date

■ Say each number aloud as you trace it.

To parents
Multiplying by 2 is much more difficult than multiplying by 1. Please help your child use this page to practice skip-counting by 2s, which is a good way to prepare for multiplying by 2.

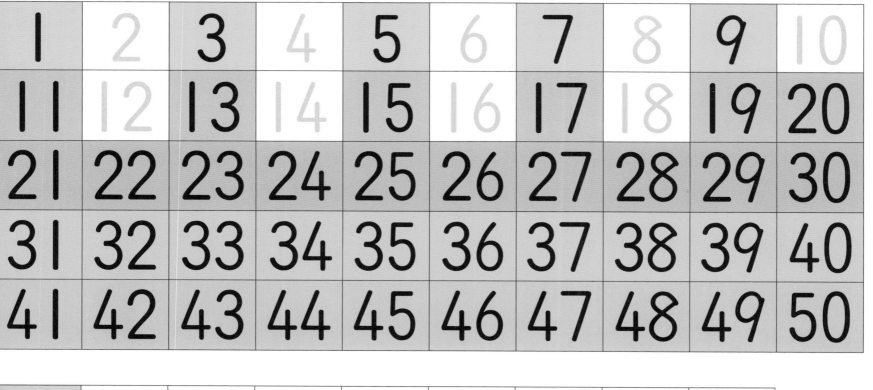

1	2	3	4	5	6	7	8	9	10
11	12	13	14	15	16	17	18	19	20
21	22	23	24	25	26	27	28	29	30
31	32	33	34	35	36	37	38	39	40
41	42	43	44	45	46	47	48	49	50

2	4	6	8	10	12	14	16	18

13

■ Draw a line from 2 to 18 in order while saying each number aloud.

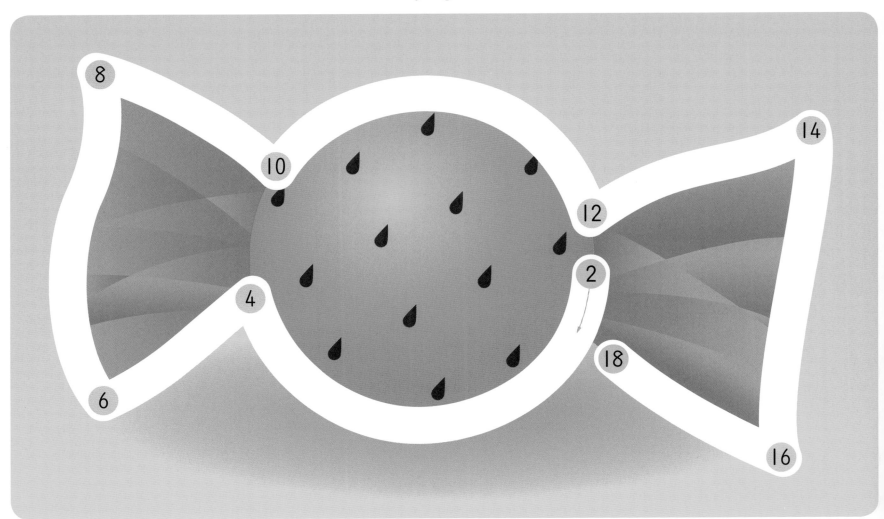

Practicing Repeated Addition
2 to 18

Name

Date

■ Say each number aloud as you trace it.

2	4	6	8	10	12	14	16	18

■ Add the numbers below.

(1) 2 + 2 = 4

(2) 2 + 2 + 2 = 6

(3) 2 + 2 + 2 + 2 = 8

(4) 2 + 2 + 2 + 2 + 2 = 10

(5) 2 + 2 + 2 + 2 + 2 + 2 = 12

(6) 2 + 2 + 2 + 2 + 2 + 2 + 2 = 14

(7) 2 + 2 + 2 + 2 + 2 + 2 + 2 + 2 = 16

(8) 2 + 2 + 2 + 2 + 2 + 2 + 2 + 2 + 2 = 18

■ Add the numbers below.

(1) $2 + 2 =$

(2) $2 + 2 + 2 =$

(3) $2 + 2 + 2 + 2 =$

(4) $2 + 2 + 2 + 2 + 2 =$

(5) $2 + 2 + 2 + 2 + 2 + 2 =$

(6) $2 + 2 + 2 + 2 + 2 + 2 + 2 =$

(7) $2 + 2 + 2 + 2 + 2 + 2 + 2 + 2 =$

(8) $2 + 2 + 2 + 2 + 2 + 2 + 2 + 2 + 2 =$

Multiplication 2

Multiplication Table

■ Read the multiplication table aloud.

Multiplication Table

(1) 2 × 1 = 2   Two times one is two.

(2) 2 × 2 = 4   Two times two is four.

(3) 2 × 3 = 6   Two times three is six.

(4) 2 × 4 = 8   Two times four is eight.

(5) 2 × 5 = 10   Two times five is ten.

(6) 2 × 6 = 12   Two times six is twelve.

(7) 2 × 7 = 14   Two times seven is fourteen.

(8) 2 × 8 = 16   Two times eight is sixteen.

(9) 2 × 9 = 18   Two times nine is eighteen.

■ Read each number sentence aloud as you trace the answer.

(1) 2 × 1 = 2

(2) 2 × 2 = 4

(3) 2 × 3 = 6

(4) 2 × 4 = 8

(5) 2 × 5 = 10

(6) 2 × 6 = 12

(7) 2 × 7 = 14

(8) 2 × 8 = 16

(9) 2 × 9 = 18

■ Multiply the numbers below.

(1) $2 \times 1 =$

(2) $2 \times 2 =$

(3) $2 \times 3 =$

(4) $2 \times 4 =$

(5) $2 \times 5 =$

(6) $2 \times 6 =$

(7) $2 \times 7 =$

(8) $2 \times 8 =$

(9) $2 \times 9 =$

(10) $2 \times 1 =$

(11) $2 \times 2 =$

(12) $2 \times 3 =$

(13) $2 \times 4 =$

(14) $2 \times 5 =$

(15) $2 \times 6 =$

(16) $2 \times 7 =$

(17) $2 \times 8 =$

(18) $2 \times 9 =$

Multiplication 2
2 × 1 to 2 × 9

■ Multiply the numbers below.

(1) 2 × 6 =

(2) 2 × 4 =

(3) 2 × 8 =

(4) 2 × 1 =

(5) 2 × 3 =

(6) 2 × 9 =

(7) 2 × 5 =

(8) 2 × 2 =

(9) 2 × 7 =

(10) 2 × 9 =

(11) 2 × 3 =

(12) 2 × 1 =

(13) 2 × 5 =

(14) 2 × 8 =

(15) 2 × 7 =

(16) 2 × 4 =

(17) 2 × 6 =

(18) 2 × 2 =

■ Multiply the numbers below.

(1) $2 \times 3 =$

(2) $2 \times 6 =$

(3) $2 \times 2 =$

(4) $2 \times 1 =$

(5) $2 \times 9 =$

(6) $2 \times 5 =$

(7) $2 \times 8 =$

(8) $2 \times 7 =$

(9) $2 \times 4 =$

(10) $2 \times 2 =$

(11) $2 \times 8 =$

(12) $2 \times 9 =$

(13) $2 \times 1 =$

(14) $2 \times 5 =$

(15) $2 \times 6 =$

(16) $2 \times 4 =$

(17) $2 \times 3 =$

(18) $2 \times 7 =$

Multiplication 2
2 × 1 to 2 × 9

Name

Date

■ Multiply the numbers below.

(1) $2 \times 8 =$

(2) $2 \times 9 =$

(3) $2 \times 1 =$

(4) $2 \times 7 =$

(5) $2 \times 2 =$

(6) $2 \times 6 =$

(7) $2 \times 3 =$

(8) $2 \times 5 =$

(9) $2 \times 4 =$

(10) $2 \times 1 =$

(11) $2 \times 6 =$

(12) $2 \times 5 =$

(13) $2 \times 2 =$

(14) $2 \times 9 =$

(15) $2 \times 4 =$

(16) $2 \times 3 =$

(17) $2 \times 8 =$

(18) $2 \times 7 =$

■ Multiply the numbers below.

(1) 2 × 4 =

(2) 2 × 2 =

(3) 2 × 9 =

(4) 2 × 3 =

(5) 2 × 6 =

(6) 2 × 8 =

(7) 2 × 7 =

(8) 2 × 5 =

(9) 2 × 1 =

(10) 2 × 3 =

(11) 2 × 2 =

(12) 2 × 5 =

(13) 2 × 1 =

(14) 2 × 4 =

(15) 2 × 9 =

(16) 2 × 8 =

(17) 2 × 7 =

(18) 2 × 6 =

Review
Multiplication 1 and 2

Name

Date

■ Multiply the numbers below.

(1)　1 × 1 =

(2)　1 × 2 =

(3)　1 × 3 =

(4)　1 × 4 =

(5)　1 × 5 =

(6)　1 × 6 =

(7)　1 × 7 =

(8)　1 × 8 =

(9)　1 × 9 =

(10)　2 × 1 =

(11)　2 × 2 =

(12)　2 × 3 =

(13)　2 × 4 =

(14)　2 × 5 =

(15)　2 × 6 =

(16)　2 × 7 =

(17)　2 × 8 =

(18)　2 × 9 =

■ Multiply the numbers below.

(1) $1 \times 4 =$

(2) $1 \times 8 =$

(3) $1 \times 6 =$

(4) $1 \times 5 =$

(5) $1 \times 9 =$

(6) $1 \times 3 =$

(7) $1 \times 1 =$

(8) $1 \times 2 =$

(9) $1 \times 7 =$

(10) $2 \times 3 =$

(11) $2 \times 4 =$

(12) $2 \times 2 =$

(13) $2 \times 9 =$

(14) $2 \times 6 =$

(15) $2 \times 5 =$

(16) $2 \times 1 =$

(17) $2 \times 8 =$

(18) $2 \times 7 =$

Practicing Numbers

3 – 27

Name

Date

■ Say each number aloud as you trace it.

1	2	3	4	5	6	7	8	9	10
11	12	13	14	15	16	17	18	19	20
21	22	23	24	25	26	27	28	29	30
31	32	33	34	35	36	37	38	39	40
41	42	43	44	45	46	47	48	49	50

3	6	9	12	15	18	21	24	27

■ Draw a line from 3 to 27 in order while saying each number aloud.

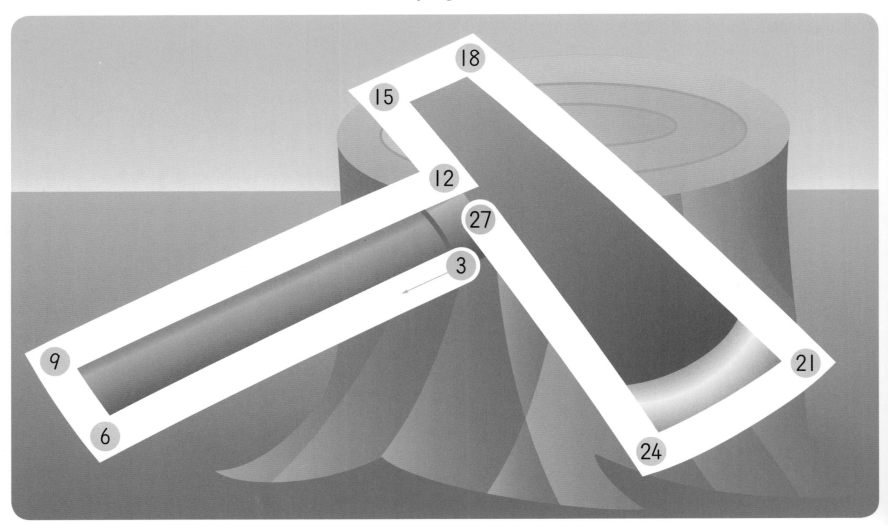

Practicing Repeated Addition
14 3 to 27

Name

Date

■ Say each number aloud as you trace it.

| 3 | 6 | 9 | 12 | 15 | 18 | 21 | 24 | 27 |

■ Add the numbers below.

(1) $3 + 3 = 6$

(2) $3 + 3 + 3 = 9$

(3) $3 + 3 + 3 + 3 = 12$

(4) $3 + 3 + 3 + 3 + 3 = 15$

(5) $3 + 3 + 3 + 3 + 3 + 3 = 18$

(6) $3 + 3 + 3 + 3 + 3 + 3 + 3 = 21$

(7) $3 + 3 + 3 + 3 + 3 + 3 + 3 + 3 = 24$

(8) $3 + 3 + 3 + 3 + 3 + 3 + 3 + 3 + 3 = 27$

■ Add the numbers below.

(1) $3 + 3 =$

(2) $3 + 3 + 3 =$

(3) $3 + 3 + 3 + 3 =$

(4) $3 + 3 + 3 + 3 + 3 =$

(5) $3 + 3 + 3 + 3 + 3 + 3 =$

(6) $3 + 3 + 3 + 3 + 3 + 3 + 3 =$

(7) $3 + 3 + 3 + 3 + 3 + 3 + 3 + 3 =$

(8) $3 + 3 + 3 + 3 + 3 + 3 + 3 + 3 + 3 =$

Multiplication 3
Multiplication Table

■ Read the multiplication table aloud.

Multiplication Table

(1) 3 × 1 = 3   Three times one is three.

(2) 3 × 2 = 6   Three times two is six.

(3) 3 × 3 = 9   Three times three is nine.

(4) 3 × 4 = 12   Three times four is twelve.

(5) 3 × 5 = 15   Three times five is fifteen.

(6) 3 × 6 = 18   Three times six is eighteen.

(7) 3 × 7 = 21   Three times seven is twenty-one.

(8) 3 × 8 = 24   Three times eight is twenty-four.

(9) 3 × 9 = 27   Three times nine is twenty-seven.

■ Read each number sentence aloud as you trace the answer.

(1) 3 × 1 = 3

(2) 3 × 2 = 6

(3) 3 × 3 = 9

(4) 3 × 4 = 12

(5) 3 × 5 = 15

(6) 3 × 6 = 18

(7) 3 × 7 = 21

(8) 3 × 8 = 24

(9) 3 × 9 = 27

■ Multiply the numbers below.

(1) 3 × 1 =

(2) 3 × 2 =

(3) 3 × 3 =

(4) 3 × 4 =

(5) 3 × 5 =

(6) 3 × 6 =

(7) 3 × 7 =

(8) 3 × 8 =

(9) 3 × 9 =

(10) 3 × 1 =

(11) 3 × 2 =

(12) 3 × 3 =

(13) 3 × 4 =

(14) 3 × 5 =

(15) 3 × 6 =

(16) 3 × 7 =

(17) 3 × 8 =

(18) 3 × 9 =

Multiplication 3

3 × 1 to 3 × 9

■ Multiply the numbers below.

(1) 3 × 5 =

(2) 3 × 9 =

(3) 3 × 2 =

(4) 3 × 6 =

(5) 3 × 1 =

(6) 3 × 7 =

(7) 3 × 3 =

(8) 3 × 8 =

(9) 3 × 4 =

(10) 3 × 8 =

(11) 3 × 2 =

(12) 3 × 1 =

(13) 3 × 4 =

(14) 3 × 9 =

(15) 3 × 3 =

(16) 3 × 7 =

(17) 3 × 6 =

(18) 3 × 5 =

■ Multiply the numbers below.

(1) $3 \times 5 =$

(2) $3 \times 9 =$

(3) $3 \times 4 =$

(4) $3 \times 6 =$

(5) $3 \times 1 =$

(6) $3 \times 2 =$

(7) $3 \times 8 =$

(8) $3 \times 3 =$

(9) $3 \times 7 =$

(10) $3 \times 9 =$

(11) $3 \times 8 =$

(12) $3 \times 5 =$

(13) $3 \times 7 =$

(14) $3 \times 2 =$

(15) $3 \times 4 =$

(16) $3 \times 3 =$

(17) $3 \times 6 =$

(18) $3 \times 1 =$

Multiplication 3
3 × 1 to 3 × 9

Name

Date

■ Multiply the numbers below.

(1) 3 × 5 =

(2) 3 × 3 =

(3) 3 × 6 =

(4) 3 × 7 =

(5) 3 × 4 =

(6) 3 × 8 =

(7) 3 × 9 =

(8) 3 × 1 =

(9) 3 × 2 =

(10) 3 × 1 =

(11) 3 × 3 =

(12) 3 × 4 =

(13) 3 × 2 =

(14) 3 × 9 =

(15) 3 × 6 =

(16) 3 × 5 =

(17) 3 × 7 =

(18) 3 × 8 =

■ Multiply the numbers below.

(1) 3 × 8 =

(2) 3 × 4 =

(3) 3 × 9 =

(4) 3 × 3 =

(5) 3 × 2 =

(6) 3 × 7 =

(7) 3 × 1 =

(8) 3 × 6 =

(9) 3 × 5 =

(10) 3 × 6 =

(11) 3 × 7 =

(12) 3 × 8 =

(13) 3 × 9 =

(14) 3 × 3 =

(15) 3 × 1 =

(16) 3 × 4 =

(17) 3 × 2 =

(18) 3 × 5 =

Review
Multiplication 2 and 3

Name

Date

■ Multiply the numbers below.

(1) 2 × 1 =

(2) 2 × 2 =

(3) 2 × 3 =

(4) 2 × 4 =

(5) 2 × 5 =

(6) 2 × 6 =

(7) 2 × 7 =

(8) 2 × 8 =

(9) 2 × 9 =

(10) 3 × 1 =

(11) 3 × 2 =

(12) 3 × 3 =

(13) 3 × 4 =

(14) 3 × 5 =

(15) 3 × 6 =

(16) 3 × 7 =

(17) 3 × 8 =

(18) 3 × 9 =

■ Multiply the numbers below.

(1) 2 × 1 =

(2) 2 × 3 =

(3) 2 × 5 =

(4) 2 × 7 =

(5) 2 × 9 =

(6) 2 × 8 =

(7) 2 × 6 =

(8) 2 × 4 =

(9) 2 × 2 =

(10) 3 × 5 =

(11) 3 × 6 =

(12) 3 × 1 =

(13) 3 × 7 =

(14) 3 × 2 =

(15) 3 × 3 =

(16) 3 × 8 =

(17) 3 × 4 =

(18) 3 × 9 =

Practicing Numbers

4 – 36

Name

Date

■ Say each number aloud as you trace it.

1	2	3	4	5	6	7	8	9	10
11	12	13	14	15	16	17	18	19	20
21	22	23	24	25	26	27	28	29	30
31	32	33	34	35	36	37	38	39	40
41	42	43	44	45	46	47	48	49	50

4	8	12	16	20	24	28	32	36

■ Draw a line from 4 to 36 in order while saying each number aloud.

Practicing Repeated Addition
4 to 36

Name

Date

■ Say each number aloud as you trace it.

| 4 | 8 | 12 | 16 | 20 | 24 | 28 | 32 | 36 |

■ Add the numbers below.

(1) $4 + 4 = 8$

(2) $4 + 4 + 4 = 12$

(3) $4 + 4 + 4 + 4 = 16$

(4) $4 + 4 + 4 + 4 + 4 = 20$

(5) $4 + 4 + 4 + 4 + 4 + 4 = 24$

(6) $4 + 4 + 4 + 4 + 4 + 4 + 4 = 28$

(7) $4 + 4 + 4 + 4 + 4 + 4 + 4 + 4 = 32$

(8) $4 + 4 + 4 + 4 + 4 + 4 + 4 + 4 + 4 = 36$

■ Add the numbers below.

(1) $4 + 4 =$

(2) $4 + 4 + 4 =$

(3) $4 + 4 + 4 + 4 =$

(4) $4 + 4 + 4 + 4 + 4 =$

(5) $4 + 4 + 4 + 4 + 4 + 4 =$

(6) $4 + 4 + 4 + 4 + 4 + 4 + 4 =$

(7) $4 + 4 + 4 + 4 + 4 + 4 + 4 + 4 =$

(8) $4 + 4 + 4 + 4 + 4 + 4 + 4 + 4 + 4 =$

Multiplication 4
Multiplication Table

Name

Date

■ Read the multiplication table aloud.

Multiplication Table

(1) 4 × 1 = 4   Four times one is four.

(2) 4 × 2 = 8   Four times two is eight.

(3) 4 × 3 = 12   Four times three is twelve.

(4) 4 × 4 = 16   Four times four is sixteen.

(5) 4 × 5 = 20   Four times five is twenty.

(6) 4 × 6 = 24   Four times six is twenty-four.

(7) 4 × 7 = 28   Four times seven is twenty-eight.

(8) 4 × 8 = 32   Four times eight is thirty-two.

(9) 4 × 9 = 36   Four times nine is thirty-six.

■ Read each number sentence aloud as you trace the answer.

(1) 4 × 1 = 4

(2) 4 × 2 = 8

(3) 4 × 3 = 12

(4) 4 × 4 = 16

(5) 4 × 5 = 20

(6) 4 × 6 = 24

(7) 4 × 7 = 28

(8) 4 × 8 = 32

(9) 4 × 9 = 36

■ Multiply the numbers below.

(1) $4 \times 1 =$

(2) $4 \times 2 =$

(3) $4 \times 3 =$

(4) $4 \times 4 =$

(5) $4 \times 5 =$

(6) $4 \times 6 =$

(7) $4 \times 7 =$

(8) $4 \times 8 =$

(9) $4 \times 9 =$

(10) $4 \times 1 =$

(11) $4 \times 2 =$

(12) $4 \times 3 =$

(13) $4 \times 4 =$

(14) $4 \times 5 =$

(15) $4 \times 6 =$

(16) $4 \times 7 =$

(17) $4 \times 8 =$

(18) $4 \times 9 =$

Multiplication 4
4 × 1 to 4 × 9

Name

Date

■ Multiply the numbers below.

(1) 4 × 2 =

(2) 4 × 1 =

(3) 4 × 7 =

(4) 4 × 8 =

(5) 4 × 4 =

(6) 4 × 3 =

(7) 4 × 9 =

(8) 4 × 6 =

(9) 4 × 5 =

(10) 4 × 7 =

(11) 4 × 3 =

(12) 4 × 9 =

(13) 4 × 6 =

(14) 4 × 2 =

(15) 4 × 5 =

(16) 4 × 8 =

(17) 4 × 1 =

(18) 4 × 4 =

■ Multiply the numbers below.

(1) $4 \times 8 =$

(2) $4 \times 4 =$

(3) $4 \times 9 =$

(4) $4 \times 3 =$

(5) $4 \times 7 =$

(6) $4 \times 2 =$

(7) $4 \times 6 =$

(8) $4 \times 1 =$

(9) $4 \times 5 =$

(10) $4 \times 6 =$

(11) $4 \times 9 =$

(12) $4 \times 8 =$

(13) $4 \times 7 =$

(14) $4 \times 5 =$

(15) $4 \times 4 =$

(16) $4 \times 1 =$

(17) $4 \times 3 =$

(18) $4 \times 2 =$

Multiplication 4
4 × 1 to 4 × 9

Name

Date

■ Multiply the numbers below.

(1) 4 × 5 =

(2) 4 × 6 =

(3) 4 × 1 =

(4) 4 × 8 =

(5) 4 × 9 =

(6) 4 × 2 =

(7) 4 × 4 =

(8) 4 × 7 =

(9) 4 × 3 =

(10) 4 × 4 =

(11) 4 × 1 =

(12) 4 × 7 =

(13) 4 × 5 =

(14) 4 × 6 =

(15) 4 × 2 =

(16) 4 × 8 =

(17) 4 × 3 =

(18) 4 × 9 =

■ Multiply the numbers below.

(1) $4 \times 1 =$

(2) $4 \times 3 =$

(3) $4 \times 6 =$

(4) $4 \times 9 =$

(5) $4 \times 4 =$

(6) $4 \times 2 =$

(7) $4 \times 8 =$

(8) $4 \times 7 =$

(9) $4 \times 5 =$

(10) $4 \times 6 =$

(11) $4 \times 8 =$

(12) $4 \times 9 =$

(13) $4 \times 7 =$

(14) $4 \times 4 =$

(15) $4 \times 2 =$

(16) $4 \times 1 =$

(17) $4 \times 3 =$

(18) $4 \times 5 =$

Review

Multiplication 3 and 4

Name

Date

■ Multiply the numbers below.

(1) 3 × 1 =

(2) 3 × 2 =

(3) 3 × 3 =

(4) 3 × 4 =

(5) 3 × 5 =

(6) 3 × 6 =

(7) 3 × 7 =

(8) 3 × 8 =

(9) 3 × 9 =

(10) 4 × 1 =

(11) 4 × 2 =

(12) 4 × 3 =

(13) 4 × 4 =

(14) 4 × 5 =

(15) 4 × 6 =

(16) 4 × 7 =

(17) 4 × 8 =

(18) 4 × 9 =

■ Multiply the numbers below.

(1) $3 \times 2 =$

(2) $3 \times 7 =$

(3) $3 \times 9 =$

(4) $3 \times 4 =$

(5) $3 \times 6 =$

(6) $3 \times 5 =$

(7) $3 \times 3 =$

(8) $3 \times 8 =$

(9) $3 \times 1 =$

(10) $4 \times 1 =$

(11) $4 \times 4 =$

(12) $4 \times 6 =$

(13) $4 \times 9 =$

(14) $4 \times 2 =$

(15) $4 \times 5 =$

(16) $4 \times 8 =$

(17) $4 \times 7 =$

(18) $4 \times 3 =$

Practicing Numbers

5 – 45

■ Say each number aloud as you trace it.

1	2	3	4	5	6	7	8	9	10
11	12	13	14	15	16	17	18	19	20
21	22	23	24	25	26	27	28	29	30
31	32	33	34	35	36	37	38	39	40
41	42	43	44	45	46	47	48	49	50

5	10	15	20	25	30	35	40	45

■ Draw a line from 5 to 45 in order while saying each number aloud.

26 Practicing Repeated Addition
5 to 45

Name

Date

■ Say each number aloud as you trace it.

| 5 | 10 | 15 | 20 | 25 | 30 | 35 | 40 | 45 |

■ Add the numbers below.

(1) 5 + 5 = 10

(2) 5 + 5 + 5 = 15

(3) 5 + 5 + 5 + 5 = 20

(4) 5 + 5 + 5 + 5 + 5 = 25

(5) 5 + 5 + 5 + 5 + 5 + 5 = 30

(6) 5 + 5 + 5 + 5 + 5 + 5 + 5 = 35

(7) 5 + 5 + 5 + 5 + 5 + 5 + 5 + 5 = 40

(8) 5 + 5 + 5 + 5 + 5 + 5 + 5 + 5 + 5 = 45

■ Add the numbers below.

(1) $5 + 5 =$

(2) $5 + 5 + 5 =$

(3) $5 + 5 + 5 + 5 =$

(4) $5 + 5 + 5 + 5 + 5 =$

(5) $5 + 5 + 5 + 5 + 5 + 5 =$

(6) $5 + 5 + 5 + 5 + 5 + 5 + 5 =$

(7) $5 + 5 + 5 + 5 + 5 + 5 + 5 + 5 =$

(8) $5 + 5 + 5 + 5 + 5 + 5 + 5 + 5 + 5 =$

Multiplication 5
Multiplication Table

Name

Date

■ Read the multiplication table aloud.

■ Read each number sentence aloud as you trace the answer.

Multiplication Table

(1) 5 × 1 = 5   Five times one is five.

(2) 5 × 2 = 10   Five times two is ten.

(3) 5 × 3 = 15   Five times three is fifteen.

(4) 5 × 4 = 20   Five times four is twenty.

(5) 5 × 5 = 25   Five times five is twenty-five.

(6) 5 × 6 = 30   Five times six is thirty.

(7) 5 × 7 = 35   Five times seven is thirty-five.

(8) 5 × 8 = 40   Five times eight is forty.

(9) 5 × 9 = 45   Five times nine is forty-five.

(1) 5 × 1 = 5

(2) 5 × 2 = 10

(3) 5 × 3 = 15

(4) 5 × 4 = 20

(5) 5 × 5 = 25

(6) 5 × 6 = 30

(7) 5 × 7 = 35

(8) 5 × 8 = 40

(9) 5 × 9 = 45

■ Multiply the numbers below.

(1) $5 \times 1 =$

(2) $5 \times 2 =$

(3) $5 \times 3 =$

(4) $5 \times 4 =$

(5) $5 \times 5 =$

(6) $5 \times 6 =$

(7) $5 \times 7 =$

(8) $5 \times 8 =$

(9) $5 \times 9 =$

(10) $5 \times 1 =$

(11) $5 \times 2 =$

(12) $5 \times 3 =$

(13) $5 \times 4 =$

(14) $5 \times 5 =$

(15) $5 \times 6 =$

(16) $5 \times 7 =$

(17) $5 \times 8 =$

(18) $5 \times 9 =$

Multiplication 5
5 × 1 to 5 × 9

28

Name

Date

■ Multiply the numbers below.

(1) $5 \times 4 =$

(2) $5 \times 6 =$

(3) $5 \times 7 =$

(4) $5 \times 2 =$

(5) $5 \times 8 =$

(6) $5 \times 5 =$

(7) $5 \times 1 =$

(8) $5 \times 9 =$

(9) $5 \times 3 =$

(10) $5 \times 2 =$

(11) $5 \times 4 =$

(12) $5 \times 8 =$

(13) $5 \times 9 =$

(14) $5 \times 7 =$

(15) $5 \times 6 =$

(16) $5 \times 5 =$

(17) $5 \times 1 =$

(18) $5 \times 3 =$

■ Multiply the numbers below.

(1) $5 \times 4 =$

(2) $5 \times 8 =$

(3) $5 \times 9 =$

(4) $5 \times 2 =$

(5) $5 \times 6 =$

(6) $5 \times 1 =$

(7) $5 \times 7 =$

(8) $5 \times 3 =$

(9) $5 \times 5 =$

(10) $5 \times 8 =$

(11) $5 \times 2 =$

(12) $5 \times 4 =$

(13) $5 \times 5 =$

(14) $5 \times 3 =$

(15) $5 \times 9 =$

(16) $5 \times 7 =$

(17) $5 \times 6 =$

(18) $5 \times 1 =$

Multiplication 5
5 × 1 to 5 × 9

■ Multiply the numbers below.

(1)　5 × 5 =

(2)　5 × 6 =

(3)　5 × 2 =

(4)　5 × 1 =

(5)　5 × 3 =

(6)　5 × 7 =

(7)　5 × 8 =

(8)　5 × 4 =

(9)　5 × 9 =

(10)　5 × 4 =

(11)　5 × 9 =

(12)　5 × 5 =

(13)　5 × 1 =

(14)　5 × 6 =

(15)　5 × 2 =

(16)　5 × 7 =

(17)　5 × 3 =

(18)　5 × 8 =

■ Multiply the numbers below.

(1) 5 × 2 =

(2) 5 × 1 =

(3) 5 × 8 =

(4) 5 × 7 =

(5) 5 × 4 =

(6) 5 × 3 =

(7) 5 × 9 =

(8) 5 × 6 =

(9) 5 × 5 =

(10) 5 × 3 =

(11) 5 × 8 =

(12) 5 × 2 =

(13) 5 × 5 =

(14) 5 × 9 =

(15) 5 × 1 =

(16) 5 × 4 =

(17) 5 × 7 =

(18) 5 × 6 =

Review
Multiplication 4 and 5

Name

Date

■ Multiply the numbers below.

(1) 4 × 1 =

(2) 4 × 2 =

(3) 4 × 3 =

(4) 4 × 4 =

(5) 4 × 5 =

(6) 4 × 6 =

(7) 4 × 7 =

(8) 4 × 8 =

(9) 4 × 9 =

(10) 5 × 1 =

(11) 5 × 2 =

(12) 5 × 3 =

(13) 5 × 4 =

(14) 5 × 5 =

(15) 5 × 6 =

(16) 5 × 7 =

(17) 5 × 8 =

(18) 5 × 9 =

■ Multiply the numbers below.

(1) $4 \times 1 =$

(2) $4 \times 4 =$

(3) $4 \times 2 =$

(4) $4 \times 5 =$

(5) $4 \times 9 =$

(6) $4 \times 6 =$

(7) $4 \times 8 =$

(8) $4 \times 7 =$

(9) $4 \times 3 =$

(10) $5 \times 7 =$

(11) $5 \times 3 =$

(12) $5 \times 9 =$

(13) $5 \times 6 =$

(14) $5 \times 1 =$

(15) $5 \times 5 =$

(16) $5 \times 8 =$

(17) $5 \times 2 =$

(18) $5 \times 4 =$

Review
Multiplication 1 to 5

Name

Date

■ Multiply the numbers below.

(1) $5 \times 1 =$

(2) $1 \times 8 =$

(3) $4 \times 7 =$

(4) $3 \times 2 =$

(5) $2 \times 2 =$

(6) $5 \times 9 =$

(7) $3 \times 8 =$

(8) $1 \times 1 =$

(9) $5 \times 7 =$

(10) $2 \times 4 =$

(11) $1 \times 6 =$

(12) $5 \times 4 =$

(13) $4 \times 3 =$

(14) $5 \times 3 =$

(15) $1 \times 9 =$

(16) $5 \times 5 =$

(17) $3 \times 3 =$

(18) $2 \times 7 =$

■ Multiply the numbers below.

(1) $4 \times 5 =$

(2) $5 \times 4 =$

(3) $1 \times 5 =$

(4) $2 \times 6 =$

(5) $5 \times 6 =$

(6) $3 \times 5 =$

(7) $1 \times 7 =$

(8) $5 \times 3 =$

(9) $5 \times 9 =$

(10) $5 \times 8 =$

(11) $1 \times 3 =$

(12) $3 \times 7 =$

(13) $5 \times 7 =$

(14) $1 \times 2 =$

(15) $4 \times 4 =$

(16) $5 \times 9 =$

(17) $5 \times 2 =$

(18) $1 \times 4 =$

Review
Multiplication 1 to 5

Name

Date

■ Multiply the numbers below.

(1) 4 × 8 =

(2) 1 × 3 =

(3) 5 × 1 =

(4) 4 × 2 =

(5) 5 × 6 =

(6) 2 × 1 =

(7) 3 × 4 =

(8) 5 × 5 =

(9) 1 × 5 =

(10) 3 × 9 =

(11) 2 × 9 =

(12) 5 × 8 =

(13) 5 × 2 =

(14) 1 × 7 =

(15) 5 × 4 =

(16) 2 × 3 =

(17) 5 × 1 =

(18) 1 × 1 =

■ Multiply the numbers below.

(1) 4 × 6 = 24

(2) 1 × 6 = 6

(3) 5 × 8 = 40

(4) 1 × 9 = 9

(5) 3 × 1 = 3

(6) 5 × 5 = 25

(7) 2 × 8 = 16

(8) 5 × 3 = 15

(9) 4 × 1 = 4

(10) 1 × 4 = 4

(11) 5 × 6 = 30

(12) 1 × 8 = 8

(13) 2 × 5 = 10

(14) 1 × 2 = 2

(15) 3 × 6 = 18

(16) 5 × 2 = 10

(17) 5 × 7 = 35

(18) 4 × 9 = 36